I

FACTUM

POUR Demoiselle MARIE PETIT, Fille majeure, Défenderesse.

CONTRE Demoiselle Claire Michel, Sœur & Heritiere du feu Sieur Michel, Demanderesse, & le Sieur Piston son Mari, Défaillant.

ET les Maire, Echevins & Députez de la Chambre du Commerce de Marseille, aussi Demandeurs.

IL S'AGIT dans le procès de l'execution de deux Arrests du Conseil, que la Demoiselle Petit a obtenus les 19 May & 7 Septembre 1719.

Par le premier de ces Arrests la Demoiselle Petit est relevée du laps du tems qui avoit couru contr'elle, pour se pourvoir au Conseil en cassation de divers Jugemens, & d'une procedure faite dans la Ville de Marseille de l'autorité de Sa Majesté, en consequence d'un Arrest du Conseil qu'on avoit surpris sous des prétextes calomnieux & inventés, pour lui enlever ses biens & flétrir sa réputation.

Par le second, Sa Majesté casse les Jugemens & cette procedure, & renvoye aux Requêtes de l'Hôtel pour y proceder comme auparavant.

La Demoiselle Michel, qui represente son Frere, avec lequel les Jugemens avoient esté rendus, a formé opposition aux deux Arrests du Conseil.

Les Maire, Echevins & Députez de la Chambre de Commerce de Marseille, aussi Parties dans cette procedure cassée, ont pareillement formé une semblable opposition.

Les moyens que les uns & les autres employent n'ont rien de nouveau; & il sera prouvé que tout ce qui est avancé aujourd'hui contre la Demoiselle Petit, est tout ce qui fut prévû, lû ou examiné lors de ces Arrests; qu'ainsi bien loin d'avoir égard aux oppositions, il faut au contraire en débouter les Opposans avec amende, dépens, dommages & interests.

Il est d'abord necessaire de donner au Conseil une idée précise du Fait du procès, & d'en retracer le sujet tragique qui y donna lieu, par les vexations sans exemple que le défunt sieur Michel pratiqua contre la Demoiselle Petit, après son retour d'un voyage qu'il avoit fait en Perse pendant le tems d'une Députation dont Sa Majesté avoit chargé en 1704. auprès du Roy de Perse le défunt sieur Fabré, à la place duquel le sieur Michel fut nommé en 1707.

Tout concourt à engager la Demoiselle Petit à suivre sans relâche la penible carriere d'un procès, pour en ressentir incessamment le favorable effet qu'elle en doit esperer, par la décision de Sa Majesté.

La justification de son innocence contre les faits calomnieux qui ont servi à la détruire, l'y presse fortement.

Les Actes qui lui ont enlevé son honneur outragé, lui font un objet trop fatal, pour qu'elle puisse tranquilement en laisser subsister l'effet.

A

Les procedures diffamantes qui ont fait le fondement d'un pareil ouvrage, font pour elle un tableau dont elle doit necessairement effacer les couleurs, le dût-elle aux dépens de sa vie ? Puisque l'honneur est préferable à tout, fur tout quand il est terni par des faits calomnieux & inventés, comme au cas present que le feu sieur Michel n'agissoit contre elle, en mettant toutes fortes de voyes en usage, que pour lui enlever ses biens par des prétextes étrangers ; c'est ce qui fera prouvé en son lieu.

Telle est l'idée que Sa Majesté aura sans doute de l'état de la Demoiselle Petit, & des sentimens dont elle est occupée.

Et quoique l'impression favorable que cette idée laisse soit des plus fortes pour venger les affronts reçûs par la Demoiselle Petit, à l'instigation du sieur Michel son Persécuteur, qui lui fit faire son procès dans la Ville de Marseille, elle deviendra bien plus sensible encore par le détail des circonstances de la Cause.

Il ne reste donc plus qu'à presenter aux yeux de Sa Majesté le Tableau d'impostures, tel qu'il a esté formé par la calomnie, qui a donné lieu à ce Jugement deffinitif rendu à Marseille contre la Demoiselle Petit, dans la vûë de lui enlever & son honneur & ses biens.

Sa Majesté l'a deja décidé de même par les Arrests de son Conseil dont il vient d'estre parlé, & ces Arrests servans dans l'avenir à la Demoiselle Petit d'un rempart assuré contre toute sorte d'atteinte, elle espere sans autre secours détruire le nouveau Procès qu'on lui a suscité par les oppositions formées par ses Parties, puisque l'ouvrage de ce nouveau procés n'est autre que celui qui a esté deja détruit par Sa Majesté.

F A I T.

Le feu sieur Fabré ayant esté en la Cour en Perse en 1704. en qualité d'Envoyé Extraordinaire par Sa Majesté auprès du Roy de Perse. La Demoiselle Petit qui estoit déja sa créanciere, instruite de son départ, fut lui demander son payement dans la juste crainte qu'elle avoit qu'un pareil voyage pût causer la perte de sa créance, ou du moins en éloigner pour long-temps le payement ; quoiqu'il en fut, alors il lui estoit dû, & elle vouloit estre payée.

Le sieur Fabré l'amusoit toûjours, en lui faisant esperer qu'il la satisferoit avant son départ ; mais soit qu'il fût occupé des sentimens ordinaires d'un Débiteur, qui sont d'éloigner le payement, ou que les dépenses ausquelles sa Commission l'engageoit lui en otassent la faculté, il n'effectua aucune de ses promesses.

Voicy dans ces circonstances le manege qu'il tint. Il voyoit la Demoiselle Petit allarmée de son voyage par raport à ce qu'il lui devoit, il se sentoit persécuté par elle ; & si la Demoiselle Petit apprehendoit de n'estre pas payée, il ne craignoit pas moins quelque affront par les saisies dont il estoit menacé, en sorte que là-dessus l'inquietude qu'il avoit causant differens troubles dans son esprit, il eût recours à l'invention, elle fut telle, de traduire la Demoiselle Petit de Ville en Ville, en luy faisant entendre qu'il la payeroit d'un endroit à un autre ; ainsi l'ayant fait venir adroitement jusqu'au Port-de-Mer, où il devoit s'embarquer, ce fut là que ne pouvant porter plus loin les mensonges réiterés, dont il s'estoit servi jusqu'alors, qu'il changea de langage. Il trouva le secret, en séduisant la Demoiselle Petit par des apparences de bonne foy, de la faire embarquer avec lui, & l'ammener en Perse.

La Demoiselle Petit fut donc de ce voyage, sa conduite fut toûjours égale ; c'est-à-dire, des mieux reglées, & sans cesse gouvernée par les sentimens d'honneur & de probité, elle profitoit de toutes les occasions qui se presentoient pour donner des marques de son zele pour Sa Majesté & pour la Nation Françoise ; elle ose dire même qu'elle contribua beaucoup à soûtenir l'éclat de sa Commission ; Commission qui dans la suite, par un triste sort, fut la source de ses malheurs : on l'expliquera bien-tôt en parlant du sieur Michel second Envoyé auprés du Roy de Perse à la place du sieur Fabré, qui déceda pendant sa Commission.

Ce fut au mois de Decembre 1706. que le sieur Fabré déceda. Sa mort ne fut pas plûtôt arrivée, que sur le moment il fût procedé par le Juge de Perse à l'inventaire de tous ses effets qui furent mis ensuite dans des coffres & déposés entre les mains du Pere Meunier Jésuite qui s'en rendit le maître.

La Demoiselle Petit, à laquelle il estoit dû alors par le sieur Fabré, ou par sa succession, non-seulement les sommes dont elle poursuivoit le payement avant son départ pour s'en aller de France en Perse, mais encore plusieurs autres sommes qu'elle luy avoit avancé depuis pendant son voyage & jusqu'à sa mort, ayant un interest sensible de pourvoir à la sûreté de son payement, fit saisir les effets du sieur Fabré mentionnés dans l'inventaire dont il vient d'estre parlé ; & par un Jugement rendu par le Juge d'Erivan, ces effets furent déclarés affectés pour toutes ses hypoteques montant ensemble à 12100 liv. qui lui estoient dûs par la succession du sieur Fabré, au moyen d'un Billet & d'un Memoire dont la verification & reconnoissance avoient déja esté faites.

Un nommé Yman Kolibet Memindar, ou Conducteur de la Demoiselle Petit, fut nommé Gardien des choses saisies, avec défenses de les laisser prendre que de son consentement.

Cependant la Demoiselle Petit attachée aux interests de Sa Majesté, & plus zelée pour ceux de la Nation Françoise que pour les siens propres, avoit déja donné avis de la mort du sieur Fabre au sieur de Ferriol, Embassadeur à la Porte pour Sa Majesté auprés du Grand Seigneur, elle lui adressa une Lettre pour Mr de Ponchartrain, où elle donnoit un pareil avis, elle lui marquoit même tout ce qui s'estoit passé en Perse avant & aprés la mort du sieur Fabre.

De telles démarches sembloient dés-lors assurer à la Demoiselle Petit un sort heureux pour l'avenir, tout concourroit pour le croire de-même, & il n'en fallut pas moins dans la suite pour en détourner l'effet, que la calomnie & l'outrage dont le sieur Michel, Successeur du sieur Fabré, se servit pendant & aprés sa Commission en Perse pour détruire la Demoiselle Petit par des surprises & par des vexations qu'on aura peine à croire.

Le sieur Michel estant venu en Perse pour remplir la Mission du défunt sieur Fabré, eut le bonheur en arrivant de trouver la Demoiselle Petit, pour profiter de ses lumieres.

Il employa auprès d'elle toute la bien-séance & toute la politesse exterieure dont il estoit capable, pour parvenir à s'instruire avec elle de tout ce qu'il devoit faire dans cette Mission si nouvelle pour lui.

La Demoiselle Petit charmée de trouver une pareille occasion à faire plaisir au sieur Michel, & à luy donner des marques de son bon cœur, n'hésita pas à le satisfaire dans toutes ses demandes & dans toutes ses questions.

Le sieur Michel n'eût pas plûtôt profité de l'avantage qu'il venoit de recevoir par de pareilles instructions, que sçachant par-là à quoi s'en tenir sur ce qui concernoit fa Miffion, il negligea dès-lors la Demoifelle Petit.

La raifon qui l'engagea à changer de la forte, ne fut autre que de dérober fa conduite & fes démarches à la cenfure d'une perfonne dont il connoiffoit & la probité & la droiture.

Pour donc parvenir à agir feul dans ces vûës fecrettes, la calomnie & la mauvaife foy n'eftoient pour luy que des moyens foibles & familliers.

Mais plûtôt que de faire éclater ce qui le devoroit fi fortement alors contre la Damoifelle Petit, il avoit encore un autre objet qui le forçoit à fufpendre pour un temps fon deffein.

Il eftoit venu de Conftantinople par ordre de Mr de Ferriol, Embaffadeur à la Porte, il eftoit arrivé fans équipage ni fuite, & devant paroiftre en Perfe en air de Député pour Sa Majefté, fon embarras eftoit des plus grands, par ce qu'il n'avoit d'autre recours pour fe faire honneur que les dépoüilles du fieur Fabré, que la Demoifelle Petit avoit fait faifir pour la fûreté du payement des fommes à elle dûes.

Il lui paroiffoit donc impoffible de profiter de ces dépoüilles qu'il n'eût le confentement de la Damoifelle Petit; confentement qu'il voyoit bien difficile à obtenir, parce qu'il n'eftoit pas en eftat de la payer, & dégager par-là les dépoüilles du fieur Fabré qui lui eftoient fi neceffaires.

Dans cet eftat, il mit en ufage toutes les voyes les plus féduifantes pour tromper la Damoifelle Petit & pour la furprendre.

Voicy ce qu'il luy propofer avec tout l'ornement le plus propre à flatter, il veut faire fon fait perfonnel des créances qu'elle avoit fur la fucceffion du défunt fieur Fabré, & lui en faire fon obligation avec toutes les affurances qu'elle pourroit defirer, pourvû qu'elle lui fît remettre tous les Effets faifis à fa requête.

Il fit appuyer fa propofition par des perfonnes d'autorité & de crédit en Perfe, il réüffit aifément dans fon projet, parce que trouvant la Demoifelle Petit d'un cœur bien faifant, qui ne connoiffoit point les affaires, & qui même n'avoit d'autre vûë que de foûtenir l'honneur de la Nation Françoife, qu'elle préferoit à fes propres interefts, dont elle vouloit bien fe relâcher à cette confideration, tout lui devint aifé.

La Demoifelle Petit commença fur la propofition du fieur Michel par donner la main-levée, & à confentir qu'il prit les dépoüilles du fieur Fabré, fans lefquelles il n'eût pû faire fa Miffion; enfuite dequoi il fut fait les conventions fuivantes devant le fieur de Saint Olon, Evêque de Babilonne, & les Miffionnaires Capucins à Tauris.

Il eftoit dû à la Demoifelle Petit par la fucceffion du fieur Fabré la fomme de douze mille deux cens livres, cette fomme provenoit d'un Billet de huit mille livres fait en fa faveur par ledit fieur Fabré, & de quatre mille deux cens livres qu'elle luy avoit avancé de fes deniers dans un voyage qu'ils firent enfemble de Conftantinople en Perfe avec l'Embaffadeur de Perfe qui eftoit à la Porte Othomane, voyage dans lequel la Demoifelle Petit fût expofée à toute forte de mauvais accidens, & fans l'Embaffadeur qui la mit dans fa Carabanne avec tout le reftant de la fuite déguifés en Perfans, ils ne feroient jamais paffés.

L'obligation que le fieur Fabré eût à la Demoifelle Petit dans une pareille rencontre, fût fi grande au fujet de ces quatre mille deux cens livres, que le fieur Fabré fon Neveu convint lors de l'accomodement devant le fieur Evêque de Babilonne & les Capucins de Tauris, que fans cette fomme qui fût employée a payer les Voitures, & à faire des presens aux Gens de la suite de l'Embassadeur de Perse, le sieur son Oncle ne seroit jamais passé ; ce qui établit bien sensiblement la loyauté de cette dette, pour juger d'avance que le sieur Michel en fit dans la suite sa cause propre, elle devoit estre incontestablement payée.

Le sieur Michel prit donc pour argent comptant, non-seulement le Memoire de la dépense faite par la Demoiselle Petit montant aux quatre mille deux cens livres cy-dessus expliquées qui fut même lors de l'accomodement certifié par le fils & le Neveu du sieur Fabre, mais encore le billet de 8000 liv. dont du tout le sieur Michel fit son obligation à la Demoiselle Petit en forme de Lettre de change datée de Tauris le 25 May 1707.

Le sieur Michel prioit par ce billet les Députés du Commerce de Smirne de payer à la Damoiselle Petit, & non à d'autres le montant de son Billet ; & en défaut de payement, il prioit le sieur Kanky, Juif, domicilié à Galata lez Constantinople, de les payer à compte de l'argent qu'il disoit que ce Juif avoit à luy entre les mains.

Et en défaut encore de payement par le sieur de Kanky, il prioit aussi le sieur Balhazar Mille son Cousin, Négociant à Marseille, de payer la Demoiselle Petit lors de son arrivée en France, au cas qu'elle n'eût pas esté payée par les Députez du Commerce de Smirne, ou bien par Kanky Juif.

Il y a dans cet endroit un fait très-essentiel à observer qui touche la conduite de la Demoiselle Petit, dont il est principalement question, & qui prouve que quand le sieur Michel l'a attaquée dans la suite, il l'a fait contre ce qu'il en avoit luy-même manifesté par son écrit.

Le Billet dont il vient d'estre parlé, fut suivi d'une Lettre que le sieur Michel écrivit à Mr de Ferriol le 4 Juillet 1707. par laquelle il prioit Mondit sieur de Ferriol de faire payer la Demoiselle Petit ; il la lui recommande, & l'assure que sa conduite estoit des plus regulieres.

A même temps que le Billet fût fait par le sieur Michel, la Demoiselle Petit luy remit l'original de l'inventaire qui avoit esté fait des Effets du sieur Fabré, le jugement qui avoit esté rendu par le Kan de la Justice d'Erivan qui déclaroit tous les Equipages & Effets du sieur Fabré saisis à la requeste de la Demoiselle Petit, affectés & hypotequés pour ses créances ; ensemble la main-levée qu'elle donna des choses saisies ; le tout fut fait en presence du sieur Evêque de Babilonne, des Capucins de Tauris qui avoient fait l'accomodement, & des fils & Neveu du sieur Fabré qui estoient aussi presens ; ce fait n'a jamais esté contesté, ni ne peut l'estre, le sieur Michel prit tous les Equipages du sieur Fabré des mains du Pere Meunier, Jesuite du consentement d'Yman Kolibet Gardien, auquel il remit la main-levée de la Demoiselle Petit.

Le récit qui vient d'estre fait de cet accomodement, qui a esté dans la suite si pernicieux & si triste pour la Demoiselle Petit, est dans toutes les circonstances qui viennent d'estre raportées un tableau des plus naturels qu'on ose présenter avec toute la confiance possible, parcequ'il se découvre tel qu'on l'assure par les pieces du Procès qui en font une preuve complete.

Examinons présentement la suite d'une telle convention ; on remarque d'abord qu'elle paroist estre faite de bonne foy de la part du sieur Michel, qu'il n'y eût jamais rien de mieux reglé, & que ses démarches sont des plus sinceres ; mais quelle en sera la surprise, quand on verra qu'après que le sieur Michel eût fait dénaturer la dette & la créance de la Demoiselle Petit, il ne s'en chargea que pour la luy faire perdre & en profiter par des détours & par des subtilités qu'on aura peine à tracer ?

La Demoiselle Petit nantie du Billet du sieur Michel, crût de bonne foy que le montant luy en seroit payé par les uns ou par les autres de ceux auquels il estoit adressé.

Elle somma d'abord les Députez du Commerce de Smirne par Acte du 30 Avril 1708. mais cet Acte luy devint inutile, on ne voulut pas la payer, & le sieur Michel le sçavoit bien.

Elle s'adressa ensuite au sieur Kanky Juif ; il luy fut fait une pareille sommation, mais ce Juif répondit qu'il ne devoit rien au sieur Michel, & qu'il n'avoit aucune somme à luy ; ce fait merite toute sorte d'attention, parceque il découvre la mauvaise foy du sieur Michel qui avoit eu la témerité de dire dans son billet que Kanky avoit de l'argent à lui, quoyque le fait fût faux ; ce qui le rendoit déja très-condamnable & coupable du crime de stellionnat.

Il est aisé de comprendre quelle fut alors le désespoir de la Demoiselle Petit de se voir ainsi trompée.

Dans le temps même qu'elle venoit de rendre de si grands services au sieur Michel, & qu'elle avoit dénaturé sa créance & son hypoteque, mais la chose estant faite, il n'estoit plus question d'y revenir, elle fut contrainte de suivre le sort de ce détestable Billet dans ce qu'il lui restoit d'esperance avec Balhazar Mille à Marseille.

Ayant formé son intention de s'en retourner en France, elle se disposa d'en faire le voyage.

Le sieur Michel instruit de ce dessein, & prévoyant que la Demoiselle Petit ne manqueroit pas dès son arrivée de demander son payement au sieur Mille, ou en défaut de l'attaquer en justice, mit en usage dans ces circonstances toutes les voyes les plus extraordinaires ; il chercha à séduire les esprits en France, il pratiqua tout ce que l'on peut inventer de plus horrible pour détruire la Demoiselle Petit, & pour parvenir à obtenir contr'elle une Lettre de cachet pour la faire arrêter au moment de son arrivée en France ; manœuvre & pratique qui n'avoit d'autre fin qu'à faire perdre à la Demoiselle Petit le montant de son Billet. La verité de ce fait se découvrira insensiblement & à proportion qu'on arrivera au terme de cet ouvrage.

Cependant la Demoiselle Petit suivant son dessein, s'embarqua sur Mer, sans penser aux pièges qu'on lui tendoit, elle n'avoit d'autre crainte que la crainte naturelle qu'elle devoit avoir, que puisque le sieur Michel avoit esté assez fourbe de luy indiquer son payement sur des personnes qui ne luy dévoient rien ; elle risquoit bien aussi d'estre contrainte de plaider en France avec le sieur Mille ou avec le sieur Michel, même faute de payement par le sieur Mille.

La Demoiselle Petit arriva enfin en France par Marseille, ce fut au mois de Février 1709. à peine fût-elle dans le Port qu'on la saisit par Ordre du sieur Intendant des Galeres à Marseille, & si comme les effets qui luy appartenoient eussent esté en estat d'estre coupables de crime, ils furent aussi généralement saisis avec elle jusqu'à ses propres habits, & au linge servant à son usage.

La maison du refuge à Marseille fut sa prison, elle y fut mise cruellement dans un cachot où elle resta 15 mois sans parler à personne.

Dans cet estat, triste victime de toute l'énormité du sieur Michel qui étoit son Perſécuteur & l'Autheur d'un pareil ouvrage, elle gémit, elle pleure ſon ſort déteſtable & malheureux ; elle appella la voix de ſon Calomniateur pour luy demander raiſon de l'outrage ; tout cela luy eſtoit inutile, le ſieur Michel eſtoit encore en Perſe, & eſtant Partie, il falloit neceſſairement l'attendre, puiſqu'en ſon abſence, nul autre que luy n'eſtoit capable de ſes manœuvres & de ſes pratiques.

Cet homme ſi ingrat & ſi inhumain arriva le 7 Septembre 1709. la Demoiſelle Petit en ayant eſté enfin inſtruite, luy fit demander ſon payement ; qu'il eût bien garde de faire, parcequ'au contraire la raiſon pour laquelle il perſecutoit la Demoiſelle Petit, n'eſtoit autre que de ſe ſouſtraire de ce même payement ; il fallut donc prendre les voyes de la Juſtice pour faire condamner le ſieur Michel ; la Demoiſelle Petit obtint contre luy une Sentence du Lieutenant Civil à Marſeille le 30 Avril 1710. mais dans le temps qu'elle ſe diſpoſoit à faire mettre cette Sentence à execution, le ſieur Michel qui en ſentoit le progrès, & qui n'avoit pas encore achevé tout ce qu'il préparoit depuis ſi long-temps de ſiniſtre à la Demoiſelle Petit, redoubla ſes efforts pour rendre au pluſtot ſon ouvrage parfait.

Il avoit juſqu'alors fait reſter Priſonniere la Demoiſelle Petit en conſéquence de la Lettre de cachet par luy ſurpriſe ſur des faits ſuppoſés ; cette premiere operation n'eſtoit qu'en attendant ſon retour ; car la Lettre de cachet n'eſtant pas capable de faire perdre à la Demoiſelle Petit les ſommes qu'il lui devoit, il lui falloit quelque choſes de mieux qui convint à ſes vûës.

Profitant de la détention dans laquelle il tenoit la Demoiſelle Petit, & rien par conſéquent ne l'empêchant d'agir ſeul ; il ſe ſentit le maiſtre de donner à ſa conduite tout le ſort qu'il voudroit ; ainſi flatté par un tel avantage, & toûjours occupé du même caractere, il ſe préſenta à M. de Ponchartrain, Miniſtre de la Marine, ſa qualité d'Envoyé en Perſe faiſoit dans ces diſcours un ſi fort titre pour luy dans tout ce qu'il avançoit, qu'il n'eût pas de peine à ſurprendre ce Miniſtre, & à luy faire entendre tout ce qu'il deſiroit de faux & de pernicieux contre la Demoiſelle Petit.

L'effet de ſes ſoupleſſes fut donc qu'il ſurprit un Arreſt au Conſeil le 12 Février 1710. voicy ce que cet Arreſt contient.

Il ordonne que par le ſieur Arnouil, Conſeiller aux Conſeils de Sa Majeſté, Intendant des Galeres, il ſera informé de la conduite de la Demoiſelle Petit, depuis le commencement de la Commiſſion du ſieur Fabré, juſqu'à ſon retour à Marſeille, & du divertiſſement que le ſieur Michel allégua malicieuſement qu'elle avoit fait des Effets dont le défunt ſieur Fabré eſtoit chargé par Sa Majeſté, circonſtances & dépendances, même de la valeur de ceux achetés par le ſieur Michel en remplacement, pour eſtre par le ſieur d'Arnouil commis à cet effet, la Demoiſelle Petit jugée en dernier reſſort avec les Officiers de l'Amirauté de Marſeille, au nombre des ſept Graduez portez par l'Ordonnance.

Cet Arreſt contient de plus qu'il ſera prononcé en outre tant ſur la validité des Lettres de change tirées par le ſieur Michel ſur la Nation Françoiſe & autres à elle par luy remiſes, que ſur la ſaiſie des Effets que la Demoiſelle Petit avoit apportés à ſon retour & de ceux de la ſucceſſion du ſieur Fabré, recouvrés par le ſieur Michel.

Permettant en outre au ſieur d'Arnouil de ſubdeleguer pour l'inſtruction du Procès, ſeulement les Officiers ou Graduez que bon luy ſemblera ; Sa Majeſté luy attribuant, à l'effet du jugement toute Cour, Juriſdiction & connoiſſance d'icelle, interdiſant les autres Cours & Juges.

Voilà mot pour mot la teneur de cet Arreſt; on y voit la Demoiſelle Petit accuſée, mais accuſée non pour eſtre coupable, & le ſieur Michel le ſçavoit bien, mais pour avoir un prétexte, en inventant une accuſation contr'elle de la traverſer dans le payement des ſommes qui luy eſtoient dûes; & c'eſt de cet objet injuſte duquel il ne faut jamais s'écarter, parcequ'il avoit toûjours fait l'unique vûë du ſieur Michel dans toutes ſes entrepriſes.

Il eſt prétendu qu'en conſequence de cet Arreſt, il fut d'abord fait deux choſes; la première, que le ſieur Arnouil ſubdélegua le ſieur Audiferoir, Lieutenant de l'Amirauté à Marſeille, on ne ſçait pas ſi le fait eſt vray, ou ſi en tout cas la preuve en eſt écrite, la deuxiéme, qu'il fût procedé par ce Lieutenant à l'audition de 12 témoins, & ce qu'il y a de ſingulier, c'eſt que non-ſeulement ces témoins furent adminiſtrés par le ſieur Michel, mais encore que le ſieur Michel qui en eſt le treiziéme, fut du nombre, choſe extraordinaire & à remarquer.

L'information fut commencée le 13 May 1710. elle fut faite le 7 Aouſt de la même année; on aura peine à croire, qu'après avoir oüi le ſieur Michel comme premier témoin, quoyque Partie, on oüit auſſi le ſieur Fabré fils, & le Neveu du défunt ſieur Fabré Envoyé, de même que pluſieurs autres perſonnes qui n'eſtoient que des Débiteurs & des Valets à gages des Parties, par conſequent autant de témoins ſuſpects, & qui ne pouvoient nullement être adminiſtrez ny reçûs.

Sans doute qu'on ne peut entendre un tel récit ſans ſe revolter, mais pour s'armer avec indignation contre l'Autheur d'un pareil ouvrage; rappellons que c'eſtoit le ſieur Michel, duquel il a eſté déja ſi ſouvent parlé, qui eſtoit le Perſecuteur, & auquel peu importoit de déchirer l'honneur de la Demoiſelle Petit, d'immoler ſa réputation à la plus outrée de toutes les calomnies, & de la ſacrifier, pourvû qu'il pût réüſſir dans ſon indigne projet.

Ainſi livré à ſes intereſts par l'avidité dont il eſtoit occupé, & dans ſon caractere la ſubornation des Témoins qu'il fit oüir avec luy, ne luy paroiſ-ſant ny délicate ny difficile, il mit tout en uſage pour les intimider, ou pour les ſéduire à dépoſer comme il le ſouhaitoit: la crainte & la menace ſe ſuccedoient l'une à l'autre; la douceur, l'argent & les promeſſes ne furent pas oubliées dans l'occurrence; & le manège ſecret avec lequel il agiſſoit eſtoit pour luy la voye la plus aſſûrée pour cacher ſa conduite.

On ne ſçauroit perdre de vûë le ſieur Michel, & puiſqu'on le voit paroiſtre par tout, attachons nous à luy, pour ne le pas quitter un moment dans la ſuite de cet oüvrage.

Après que l'information fût faite, le ſieur Michel fit interroger la Demoiſelle Petit pendant ſix differentes Séances; & il fournit lui-même les Mémoires & les Interrogatoires, il n'épargna rien pour la ſurprendre; on remarque même que par une contravention formelle à l'Arreſt qui contenoit la Commiſſion, il fit interroger la Demoiſelle Petit ſur des faits dont il n'eſtoit pas parlé dans cet Arreſt, en luy faiſant rendre compte devant les Juges d'attri-bution de toute ſa vie depuis le moment de ſa naiſſance; quoyque la proce-dure fût fixé par exprès à tout ce qui s'eſtoit paſſé depuis le départ de la Demoiſelle Petit, juſqu'à ſon retour en France, au moyen dequoy l'on peut dire d'avance que le Juge d'attribution ou ſon Subdélégué ont paſſé leur Commiſſion, & que parconſequent tout ce qu'ils ont fait contre la Demoiſelle Petit, doit eſtre neceſſairement caſſé & annullé.

Le

Le sieur Michel ne se lassoit jamais, il lui tardoit d'estre bien-tôt au terme de ses projets ; il n'eût pas plûtôt fait interroger la Demoiselle Petit qu'il fournit contr'elle de nouvelles instructions, il en parut ouvertement l'Autheur, la preuve en est écrite au Procés, on y trouvera plusieurs pieces de procedures faite dans cette Instance criminelle à son nom propre & particulier.

Il y trouvera encore des Lettres de rescision contre le Billet de douze mille deux cens livres dont il s'agit ; Lettres que le sieur Michel accommoda si bien avec l'Instance criminelle, que du tout il n'en fit qu'une même cause, pour que l'un militant avec l'autre ; le tout ensemble se liant ainsi, il pût, en embrassant un pareil corps, donner à ses Lettres de rescision les fins qu'il se proposoit.

Mais quel estoit son aveuglement ; ne devoit-il pas prendre garde qu'il avoit déja paru dans la procedure comme Témoin, qu'il y avoit paru comme Partie sur la demande en excés, & que par consequent ces deux qualités se revoltant déja si fortement l'une contre l'autre ; il se formoit dans sa troisiéme qualité de Demandeur à fins civiles, une nouvelle opposition qu'il ne pouvoit joindre avec les deux precedentes qualités, que pour les mettre ensemble dans un bien plus grand combat encore; tant il est vray qu'où la passion agit, la raison n'a plus sa place, & qu'on se laisse abandonner sans réflexion au torrent qui nous entraîne quand on n'est plus maistre de ses sens.

La passion du sieur Michel estoit si grande que ne cherchant qu'à l'assouvir dans l'injustice, en profitant de la détention de la Demoiselle Petit, il fit rendre contre toute sorte de regles un premier Jugement le 10 Juillet 1710. par lequel sans décret préalable qui devoit constater l'estat de l'Accusée, & qui fait le fondement d'une procedure criminelle, il fit passer contr'elle, sans autre formalité à une procedure extraordinaire qui fut ordonnée par le sieur Audiferoit seul ; & par consequent par un aveuglement que rien ne peut excuser; car le sieur Michel & le sieur Audiferoit ne pouvoient pas ignorer que l'Arrest rendu par le Conseil contenant la Commission contre la Demoiselle Petit, ne portât par exprés que le Procés seroit jugé par le sieur d'Arnouil ou son Subdélegué assisté de sept autres Juges Graduez.

Ils ne pouvoient pas non plus ignorer que cet Arrest estoit rendu en conformité des Reglemens qui faisoient dans le cas dont il s'agit une loy inviolable & certaine; sur ce défaut si essentiel, la réflexion aura sa place.

Le même jour 10 Juillet & les suivans, les recolemens & confrontations furent faits; on laisse à penser quel en fût l'ordre dans toute la passion qui conduisoit le sieur Michel.

Les choses dans ce terme, & pour mettre le comble au malheur de la Demoiselle Petit, esclave de la passion du sieur Michel dans une Prison affreuse, les Maire, Echevins & Députez de la Chambre du Commerce de Marseille, formierent leur intervention dans l'Instance, ou à mieux dire, le sieur Michel la forma à leur nom, pour demander la vente des Effets appartenans à la Demoiselle Petit, & du prix en provenant estre payé d'une somme de dix-neuf cens soixante & quatorze livres trois sols trois deniers qu'ils pretendoient leur estre dûs; sçavoir cinq cens livres pour la nourriture & passage de la Demoiselle Petit depuis Constantinople jusqu'à Marseille, qu'ils asseurent que la Chambre avoit payé à un nommé Clavet qui en avoit (disoient-ils) fait l'avance, & quatorze cens soixante quatorze livres trois deniers pour des dépenses prétenduës faites par Monsieur de Ferriol, non pour le profit, compte & utilité de la Demoiselle Petit, mais suivant eux-mêmes pour le service & pour le compte de Sa Majesté qui avoit renvoyé (à ce qu'ils assurerent) à en prendre le payement sur les Effets de la Demoiselle Petit.

Cette demande qui contenoit l'intervention des Maire, Echevins & Députez de la Chambre du Commerce de Marseille, estoit sans contredit un nouvel aveuglement, puisque le sieur Darnouil n'estoit pas competant pour en connoistre, & que l'Arrest qui contenoit sa Commission, ne luy en donnoit aucun pouvoir; la Demoiselle Petit tirera pareillement en son lieu tout l'avantage qu'elle doit esperer d'un semblable deffaut.

Cette intervention fut donc reçüe & jointe au Procès, quoyque le Juge d'attribution n'eût pas pouvoir d'en connoistre, au moyen dequoy ayant prétendu que le Procès estoit en estat, il fut sur le tout par un embarras énorme, & sans rien distinguer, rendu un Jugement définitif le 23 Janvier 1712. on a peine de tracer les condamnations qu'il renferme, & si le sieur Michel estoit encore vivant, il faudroit le lui presenter comme un tableau dont il devoit effacer les couleurs par une punition severe, en réparation de ses forfaits.

Voicy ce que ce Jugement ordonne.

Sans s'arrêter à la subornation des témoins, quoyque prouvée par la Demoiselle Petit, & à raison dequoy elle avoit demandé que le Procès fut fait & parfait aux Subornateurs, elle fut déclarée, atteinte & convaincüe d'avoir mené une vie libertine, déreglée, scandaleuse (est-il dit dans ce Jugement) au voyage qu'elle a fait en Perse à la suite de l'Envoyé extraordinaire par Sa Majesté auprès du Sophy, & pour punition, elle est condamnée à demeurer enfermée dans la Maison de refuge pendant une année avec défense d'en évader, ny de retomber à l'avenir dans un semblable crime (est-il ajoûté) à peine de la vie.

Enjoint aux Directeurs de ne pas la laisser sortir durant ledit temps sous peine de deux mille livres.

Cette premiere condamnation est terminée par une autre condamnation d'une amende de dix livres envers Sa Majesté, la peine est diffamante, & noircissant l'honneur de la Demoiselle Petit, il luy importe de la rétablir en justifiant son innocence opprimée.

Ce Jugement contient de plus que faisant droit sur les Lettres Royaux de rescision & sur certaines Requestes du sieur Michel, le tout des 15 & 16 Juillet 1710. le Billet par luy fait en faveur de la Demoiselle Petit de la somme de 12200 liv. sera & demeurera nul, & comme tel cassé & annullé.

Condamne en outre la Demoiselle Petit à restituer au sieur Michel certaine somme de quinze cent livres qu'il prétendoit luy avoir fourni en la Ville de Tauris pour les frais de son retour en France.

Ordonne néanmoins (sans qu'on puisse découvrir le motif.) que l'original du Billet de la somme de 8000 liv. fait par défunt Jean-Baptiste Fabré, & qui faisoit partie des 12000. liv. du Billet du sieur Michel qui avoit retiré celuy du sieur Fabré, seroit rendu à ladite Demoiselle Petit.

Et ayant égard à la Requeste des Maire, Echevins & Députez de la Chambre du Commerce de Marseille, sur laquelle néanmoins les Juges d'attribution n'avoient aucun pouvoir de prononcer, il est ordonné que les Effets de la Demoiselle Petit seront vendus toutes fois dans les formes de Droit à concurrence; tant des dix-neuf cens soixante quatorze livres trois fols trois deniers par eux demandez que des quinze cens livres adjugés au fieur Michel & des frais de la vente.

Et avant faire droit fur une Requefte du fieur Michel du 3 Decembre 1711. il eft ordonné que les heritiers du fieur Fabré verifieront dans fix mois par toute forte & maniere de preuve (eft-il dit) que le fieur Michel s'eft emparé lors de fon arrivée en Perfe de la fucceffion du fieur Fabré , fauf la preuve contraire par le fieur Michel qui eft chargé de reprefenter l'eftat des prefens que Sa Majefté avoit fait remettre au fieur Fabré lors de fa miffion.

Ordonne que les heritiers du fieur Fabre fe feront pourvoir d'un Curateur pour la validité de la procedure.

Condamne enfin la Demoifelle Petit en la moitié des dépens envers le fieur Michel & en deux cens écus de vacations qu'on luy fit payer injuftement , parcequ'il eft des regles , que les Jnges d'attribution nommés par Arreft du Confeil , n'ont jamais pû exiger des vacations.

Examinons prefentement ce qui fut fait en confequence d'un Jugement auffi diffamant que l'eft celuy dont il vient d'eftre parlé , il fut executé en tous points , mais il le fut bien plus rigoureufement encore pour la vente des Effets de la Demoifelle Petit , terme auquel le fieur Michel defiroit depuis fi long-temps d'atteindre par fes calomnies & par fes outrages.

Ces effets furent d'abord mis en proye entre les mains des Parties de la Demoifelle Petit , un chacun s'en empara en fon particulier, en leur donnant le prix qu'on vouloit fous des apparences d'un Procès verbal de vente, qui fut fait pour la forme le 11 May 1713. & jours fuivans.

Ce qui paroiftra bien plus furprenant encore, c'eft que, quoyque ces effets fuffent d'une valeur de plus de quarante mille livres, fuivant que la Demoifelle Petit l'a prouvé au Prozès, ils furent néanmoins évalués & pris par fes Parties, pour une fomme de quatre mille cinq cens quatre-vingt fept livres un fols onze deniers, enforte que bien loin qu'il y eût quelque chofe de refte pour la Demoifelle Petit , tout fut au contraire perdu pour elle.

Après tant de malheurs, la Demoifelle Petit crut avec raifon qu'enfin fon trifte fort avoit eu fon terme, & qu'elle pourroit dans la liberté de fa perfonne , reclamer l'authorité de Sa Majefté, & fe plaindre à elle des vexations énormes que le fieur Michel avoit jufqu'alors exercé contr'elle.

La Demoifelle Petit eftant enfin fortie de fa captivité & de fa prifon, fe difpofa pour venger fon honneur injuftement noirci, & à faire le voyage de Paris, pour fe pourvoir contre les procedures diffamantes qui avoient efté faites contr'elle ; mais le fieur Michel qui en fut inftruit craignant avec raifon les progrez qu'auroit une pareille démarche, voulut au plus vîte en arrefter le cours; il n'eût pas peine à réüffir dans le projet qu'il s'en fit : car ayant trouvé la même main avec laquelle il avoit déja fait fraper la Demoifelle Petit difpofée à luy faire plaifir ; la Demoifelle Petit fut menacée d'eftre mife dans un cachot pour y demeurer le refte de fes jours, fi elle approchoit de la perfonne de Sa Majefté, même de la priver de la lumiere & de tout fecours humain.

A ces terribles menaces, la Demoifelle Petit fremit d'effroy, elle n'eût plus de force pour fe foûtenir à fuivre fon deffein par les voyes ordinaires ; la crainte l'intimida , & le défefpoir de vivre dans le monde en perfonne diffamée, la fit tomber dans un abatement affreux.

Ainfi abandonnée fans fecours & fans reffource, elle fut contrainte pour ne pas s'expofer à eftre livrée à fes ennemis, de prendre le party du filence, &

d'attendre le moment heureux & favorable pour pouvoir se faire entendre.

Cette triste tranquilité tint la Demoiselle Petit esclave dans sa douleur pendant quelques années, mais la suite du temps ayant dissipé les forces étrangeres dont le sieur Michel s'estoit servi pour la vexer ; elle ne trouva plus d'obstacle qui l'empêchât d'agir ; ce fut donc alors que sans crainte elle se presenta à Sa Majesté pour reclamer son autorité suprême ; elle fut écoutée dans le recit de son histoire tragique ; Sa Majesté en fut si fort Saisie que ne pouvant se persuader l'énormité de toutes les vexations qui avoient esté pratiquées par le sieur Michel, elle voulut s'en assurer par la lecture même de la procedure.

Pour y parvenir, il fut rendu un Arrest le 7 Janvier 1719. qui ordonna que les pieces & les procedures du Procès, sur lesquelles estoit intervenu le Jugement du 23 Janvier 1712. seroient apportées & envoyées en minute au Greffe du Conseil.

Cet Arrest releve en même temps la Demoiselle Petit du laps du temps qui avoit couru contr'elle pendant son silence forcé.

En execution de ce même Arrest, les pieces & procedures dont la remise estoit ordonnée, furent apportées au Greffe du Conseil, & Sa Majesté s'étant assurée par là, après avoir fait prendre connoissance par son Conseil des Actes qui avoient esté remis de la verité de tout ce qui avoit esté avancé par la Demoiselle Petit, il fut rendu un second Arrest le 19 May de la même année 1719. par lequel le Jugement en dernier ressort rendu par le sieur Darnoüil & autres Commissaires le 23 Janvier 1712. la procedure faite sur iceluy, & tout ce qui s'en est ensuivi, est cassé & annullé ; ce faisant, les Parties sont renvoyées aux Requestes de l'Hostel au souverain, pour y proceder en execution de l'Arrest du Conseil du 12 Février 1710. que le sieur Michel avoit surpris contre la Demoiselle Petit, pour luy faire faire son Procès, auquel effet le sieur Michel ou ses heritiers, ensemble les Maire, Echevins, & autres Députez de la Chambre du Commerce de Marseille y seroient assignés dans les délais de l'Ordonnance.

Condamné en outre le sieur Michel, Maire, Echevins, & autres Députez de la Chambre du Commerce de Marseille, solidairement aux dépens de l'Arrest qui furent liquidez à cent quatre-vingt seize livres.

En conséquence de cet Arrest la Demoiselle Petit se pouvut aux Requestes de l'Hostel, elle y prit une Commission, en vertu de laquelle ayant fait assigner toutes les Parties, elle se disposoit de poursuivre l'adjudication de ses fins & de ses conclusions.

Mais Jean-Antoine & Claire Michel, heritiers & succedans au sieur Michel leur frere qui estoit depuis décedé, suivirent ses traces par une Requeste par eux presentée au Conseil, qu'ils firent signifier le 2 Janvier 1720. par laquelle, après avoir puisé plusieurs & differentes raisons dans les calomnies de leur frere, ils formerent opposition aux deux Arrests du Conseil dont il vient d'estre parlé des 7 Janvier & 15 May 1719. en prétendant par un ridicule effet conserver le jugement rendu par le sieur Darnouil le 23 Janvier 1712.

Les Maire, Echevins & Députez de la Chambre du Commerce de Marseille ont formé pour ce qui les regarde une pareille opposition le 12 du même mois de Janvier 1720. & ce qu'il y a de singulier, c'est que la diction de leur Requeste ne diffère en rien de celle des Heritiers du sieur Michel, & que leurs conclusions ont le même arrangement & le même ordre, ce qui prouve d'avance qu'il n'estoit que trop vray que c'estoit le défunt sieur Michel qui disposoit difpofoit toutes chofes, & que ce que l'on voit paroître de toutes parts dans le Procès qu'il fufcita à la Demoifelle Petit, eftoit autant de nouveaux moyens de vexations qu'il inventoit fans ceffe pour la ruiner d'honneur, de réputation & de bien.

C'eft de ces deux differentes oppofitions qu'il s'agit à prefent au Confeil de Sa Majefté, il ne refte plus à la Demoifelle Petit que d'en faire voir le peu de fondement, elle tâchera de mettre dans l'ordre le plus précis, les raifons qui doivent fervir à faire débouter les oppofans, & parceque dans le nombre de fes raifons, il y en a qui feront particulieres aux uns, & qui ne le feront pas aux autres; on obfervera dans l'ordre qu'on fe propofe de traiter d'abord les queftions qui regardent les heritiers du fieur Michel, pour les féparer de celles qui regardent la Chambre du Commerce de Marfeille.

C'eft dans cette idée qu'on employera la défenfe fuivante contre les heritiers du défunt fieur Michel, aufquels on oppofe d'abord la fin de non-recevoir.

Fin de non-recevoir contre l'oppofition des heritiers du fieur Michel à l'execution de l'Arreft du Confeil obtenu par la Demoifelle Petit le 7 Janvier 1719.

Cette fin de non-recevoir eft très fenfible, & on ne fçauroit luy en refufer l'effet.

1°. Il eft à obferver en ce qui regarde la remife de la procedure, que cet Arreft ordonne devers le Greffe du Confeil; cette difpofition ne bleffe en rien les Parties, & ne tire à aucune confequence, elle laiffe au contraire les chofes dans leur entier, & n'ayant d'autre fin que celle d'une inftruction neceffaire pour parvenir à la découverte des faits avancez par la Demoifelle Petit, pour faire valoir fa demande fi elle eftoit jufte, ou pour l'en débouter, fi elle avoit allégué contre la verité, il s'enfuit que l'oppofition ne peut pas tomber fur ce chef, ou qu'en tout cas elle feroit mal fondée par la fin de non-recevoir, parcequ'il n'auroit pas efté permis aux heritiers du fieur Michel, d'aller contre une pareille difpofition qui réfide totalement dans la volonté de Sa Majefté, & que d'ailleurs elle a efté accomplie par la remife de la procedure devers le Greffe du Confeil; ce qui feroit qu'on n'en pourroit plus revenir.

2°. L'oppofition des heritiers du fieur Michel n'eft pas moins mal fondée dans la feconde difpofition de cet Arreft; on peut même dire qu'il y a beaucoup de temerité de la part de ces heritiers, d'avoir ofé former une pareille oppofition, ignorent ils? Ou peuvent-ils du moins ignorer que quand Sa Majefté releve un quelqu'un du laps du temps porté par les Ordonnances, ce ne foit une grace contre laquelle nul ne peut revenir; c'eft une volonté facrée; attachée à l'autorité fuprême de Sa Majefté qui doit avoir fon effet fans contradiction.

On ne peut pas dire que cette grace ait efté obtenuë par furprife, puifqu'elle n'a pas pû eftre accordée par Sa Majefté que la Demoifelle Petit n'ait commencé par avoüer que le laps du temps avoit couru contr'elle, & qu'il étoit expiré; ainfi Sa Majefté ayant accordé cette grace fi volontaire en elle, & dont elle eftoit fi fort l'arbitre en pleine connoiffance de caufe, il fera perpetuellement inutile aux heritiers du fieur Michel de s'en plaindre.

D'ailleurs s'il eftoit neceffaire d'entrer dans le détail des raifons qui ont

servi à obtenir la grace, la Demoiselle Petit n'auroit befoin d'autre fecours
pour les foûtenir que de dire ; j'ai refté en prifon pendant tout le temps du
Procès, j'ai continué d'y eftre détenuë pendant un an après le Jugement définitif qui me condamne, & m'étant enfuite voulu prefenter à Sa Majefté,
pour reclamer fon autorité, j'en ay efté empêchée, on ma retenu avec des
menaces fi vives qui m'étoient faites par des perfonnes d'autorité, que je n'ay
ofé paroiftre ; au moyen de quoy elle pourroit conclure très-judicieufement :
le laps du temps n'a pû courrir contre moy, puifque fans ceffe j'eftois détenuë en prifon ou efté efclave de la contrainte & de la violence.

L'Arreft dont il vient d'eftre parlé ne contient d'autres difpofitions que
que les deux cy-deffus expliquées, & paroiffant d'une maniere des plus
fenfibles que l'oppofition ne peut pas avoir lieu ; ni contre l'une ni contre
l'autre de ces difpofitions.

Il faut par confequent décider que la premiere oppofition des heritiers du
fieur Michel contre l'Arreft du 7 Janvier 1720. tombe d'elle-même, & s'é-
vanoüit fur l'inftant.

*Fin de non-recevoir contre l'oppofition des heritiers du fieur Michel à l'execution
de l'Arreft du Confeil du 19 May 1719.*

Cette fin de non-recevoir eft pareillement très-fenfible, elle eft fondée
fur ce qu'il ne s'agit pas au cas prefent d'une Inftance civile qui fe Juge fur
les piéces que chacune des Parties a en main & en fon pouvoir après le jugement ; mais bien au contraire d'une Inftance criminelle qui fe juge fur des
piéces fecretes qui demeurent au Greffe de la Jurifdiction , & qui ne font
jamais féparées les unes d'avec les autres.

S'il s'agit donc d'une Inftance criminelle, & qu'il paroiffe que fur la demande
en caffation de la Demoifelle Petit ; Sa Majefté eût préalablement ordonné
la remife de la procedure en minute devers le Greffe du Confeil, que cette
remife eût efté faite, & que fur cela après en avoir pris une parfaite connoiffance, la caffation ait efté ordonnée ; il s'enfuit inconteftablement que
dans ces circonftances les heritiers du défunt fieur Michel font non-recevables dans leur oppofition, parcéque ce qui a dû fervir à la caffation, n'eft
pas ce qu'ils en peuvent dire aujourd'huy, qui ne font qu'autant d'alléga-
tions inutiles, mais bien la procedure qui fut remife en minute devers le
Greffe du Confeil, qui fut lûë & examinée avec toute l'attention poffible.

C'eft auffi ce qui lors de l'Arreft du 19 May 1719. détermina Sa Majefté à la caffation qui y eft ordonnée, & puifque pour juger la validité de
l'oppofition des heritiers du fieur Michel, il faut recourir neceffairement à
cette même procedure qui en fait tout le fondement, fans pouvoir appeller
d'autre fecours, il paroift inutile d'entrer plus avant dans la caufe, ny de
lire un feul mot des écritures du fieur Michel, contre lefquelles la fin de
non-recevoir eft un obftacle invincible ; cependant pour ne laiffer rien à
ignorer, & à approfondir la caufe d'une maniere triomphante contre les heritiers du fieur Michel, la Demoifelle Petit veut rappeller icy les moyens
qui ont fervi à caffer la procedure faite contr'elle d'autorité du fieur Dar-
nouïl Juge d'attribution ; ce fera par furabondance que ces moyens feront
de nouveau relevés nonobftant la fin de non-recevoir, qui milite fi fort
contre les heritiers du fieur Michel.

Il fut pris des vexations énormes pratiquées par le défunt sieur Michel contre la Demoiselle Petit.

Sa Majesté en fut si fort saisie, qu'elle n'hesita pas lors du jugement d'en faire à la Demoiselle Petit un principal moyen de cassation.

En effet elle remarqua, comme il n'estoit que trop vray, que c'estoit le défunt sieur Michel qui estoit sa Partie dans la demande en excès, que c'é-toit luy qui avoit fourni tous les Memoires & fait partie de la procedure, luy néanmoins qui avoit déja déposé comme témoin, & qui avoit esté recollé & confronté, luy enfin qui dans cette même Instance, estoit encore Deman-deur à fins civiles.

Elle remarqua encore que n'estant pas possible de concilier ces trois qua-lités, & de les faire militer ensemble pour soûtenir le jugement définitif du 23 Janvier 1712. qui donnoit à toutes ces qualités un succès égal, il falloit necessairement donner à la demande en cassation formée par la Demoiselle Petit le sort favorable qu'elle en devoit esperer: il y paroist qu'on a pris droit, pour la condamner, sur la demande en excès de tous les pieces, actes & procedure du Procès, dont la plus grande partie venoit du sieur Mi-chel, telles sont entr'autres sa déposition, son recolement & sa confronta-tion; telles sont encore toutes les differentes autrespieces d'instruction, Me-moires & Requêtes presentez en son nom; telle estenfin sa Lettre écrite le vingt Juillet mil sept cens dix qui est sans doute dans la procedure re-mise au Greffe du Conseil; par cette Lettre il se déclare Partie, tandis néanmoins que la demande en excès ne le regarde nullement; qu'il y avoit un Procureur du Roy chargé de la poursuite; & que l'instruction regardoit uniquement Sa Majesté, suivant même l'Arrest de renvoy du 12 Février 1710. qui distinguoit parfaitement la demande en excès d'avec celles à fins civiles du sieur Michel, en séparant l'une d'avec l'autre, & en donnant à chacune d'elles deux differens effets qui n'avoient rien de commun entr'eux.

La Demoiselle Petit a dit encore que le défunt sieur Michel avoit esté écouté comme témoin, cela est encore prouvé au Procès par les réproches qu'elle fournit contre luy, & par le jugement définitif qui rejette injuste-ment les reproches, nonobstant la qualité du sieur Michel de Demandeur à fins civiles; tout cela estoit contraire aux Ordonnances & aux sages pré-cautions de la justice, dans l'administration de laquelle, & sur tout en ma-tiere criminelle, on ne sçauroit assez s'assurer contre la surprise, pour for-mer des décisions valables; puisqu'il s'agit sur ce fait si délicat de l'honneur & des biens publics, qui seroit incontestablement exposé tous les jours à des inconveniens horribles, si par un juste temperament, & par la rigueur des Loix, on n'avoit prévû ces inconveniens, pour garantir l'innocent, & pour punir le coupable.

On vient de dire enfin que le défunt sieur Michel avoit esté encore écouté comme Partie à fins civiles; la preuve n'en est pas moins écrite très-sensi-blement; il paroistra à Sa Majesté par le jugement du 23 Janvier 1712. que le sieur Michel obtint des Lettres contre son billet de 12200 liv. qu'il avoit fait à la Demoiselle Petit, & que par une injustice qu'on aura peine à se per-suader, il fut restitué contre les principes, & contre les regles les plus tri-viales qui servent d'assurance aux Actes contre la mauvaise foy des hom-mes; car quelle raison y avoit-il pour restituer le sieur Michel contre son billet , puifqu'il eſtoit majeur quand il le fit, qu'il n'y avoit pas de fraude de la part de la Demoiſelle Petit , qu'il eſtoit conſenti volontairement , & qu'il avoit ſa cauſe.

Sa Majeſté peza d'autant plus fortement ſur les vexations du ſieur Michel, pour en faire un moyen de caſſation à la Demoiſelle Petit, c'eſt qu'il luy fût aiſé de comprendre que la fin de tout ce qu'il en avoit fait contre la Demoi=ſelle Petit dans l'embaras de ſon manege , n'avoit d'autre chute que de luy faire perdre ſon dû, pour en profiter injuſtement , enſorte que conciliant toutes ſes vexations avec les trois qualités du ſieur Michel de Partie ſur la demande en excés dans la procedure , & de partie encore aux fins civiles , elle en fit du tout un aſſemblage qui formoit un moyen de caſſation des plus puiſſans, pour annéantir le jugement rendu par contravention aux Loix du Royaume.

Second Moyen de caſſation.

Ce moyen eſt fondé ſur pluſieurs contraventions à l'Ordonnance qui ſe trouvent dans les cahiers des informations ; la Demoiſelle Petit eſt hors d'eſtat de les relevet , parcequ'ils luy ſont inconnus, à cauſe du ſecret de la procedure, mais ſuivant la juriſprudence, le Juge eſtant le ſeul qui les doit indiquer pour prononcer ſur les moyens de nullité, il faut croire que tous ces moyens furent employés au Conſeil par le Rapporteur de la Requeſte en caſſation, & qu'ils furent à la Demoiſelle Petit d'un nouveau ſecours pour faire annéantir le jugement du ſieur Darnouil; & ſi lors du jugement de l'oppoſition des heritiers du ſieur Michel, Sa Majeſté juge neceſſaire qu'il en ſoit parlé une ſeconde fois, la Demoiſelle Petit eſpere que le ſieur Rap=porteur les recherchera avec ſoin , en examinant ſur tout s'il n'y a pas des ra=tures, des interlignes, & autres nullitez de pareille eſpece; ſi on s'eſt enquis des qualitez des Témoins, & s'ils eſtoient ou non débiteurs des Parties, parceque ce ſont autant de contraventions aux Ordonnances qui entraînent une caſſation indubitable.

Troiſiéme Moyen de caſſation.

Celuy-cy regarde le pouvoir du Juge ; on remarque dans le Procés que par l'Arreſt d'attribution, le ſieur Darnouil eſtoit commis pour faire la pro=cedure, il eſt vray qu'il avoit droit de ſubdeleguer; mais on ne voit pas ſi le ſieur Audiferoit qui proceda en cette qualité de Subdelegué à la place du ſieur Darnouil avoit une Commiſſion expediée en ſa faveur, qui lui don=nât le caractere competant en tel cas neceſſaire s'il n'en avoit pas, il eſt, ſans difficulté que la procedure qui fut par luy faite, eſtoit inconteſtablement nulle, & qu'ainſi elle a dû eſtre caſſée, comme elle l'a eſté en effet, par l'Ar=reſt du Conſeil du 19 May 1719. parcequ'il n'y a pas de plus grand défaut dans un Juge que l'incompetence.

Quatriéme Moyen de caſſation.

La procedure dont il s'agit fut encore caſſée ſur ce que la Demoiſelle Petit avoit eſté interrogée par contravention à l'Arreſt du Conſeil du 12 Février 1710. qui commettoit le ſieur Darnouil; cet Arreſt fixoit préciſément la procedure ſur ce qui s'eſtoit paſſé de la part de la Demoiſelle Petit depuis ſon

départ

départ de France pour la Perfe, jufqu'au moment de fon retour de la Perfe en France; cependant elle fut encore interrogée fur un nombre d'autres faits qui avoient précédé fon voyage, à compter même du moment de fa naiffance, à laquelle on remonta pour en prendre droit en jugeant diffinitivement la caufe; ce que néanmoins le Juge d'attribution n'avoit pû faire fans contrevenir à l'Arreft du Confeil qui contenoit fa commiffion.

Cinquiéme Moyen de caffation.

Ce moyen parut très-confiderable à Sa Majefté, lors de l'Arreft qui caffa la procedure du fieur Darnouil; il eftoit fondé fur ce que par le jugement du 10 Juillet 1710. on avoit paffé tout à coup à une procedure extraordinaire, fans que jamais la Demoifelle Petit eût efté mife en eftat de criminelle ni de décretée, enforte qu'elle fût jugée fans avoir efté mife fous la main de la juftice; cela eft fi vray que le jugement dont il vient d'eftre parlé, porte qu'il fera procédé extraordinairement contre la Demoifelle Petit enfermée (eftil dit) par Ordre de Sa Majefté.

Or d'eftre détenuë dans une Prifon par Ordre de Sa Majefté, & par Lettre de cachet, ou d'eftre décreté & conftitué Prifonnier d'autorité de la Juftice font deux chofes bien differentes l'une de l'autre.

Au premier cas on n'eft détenu que par provifion, & l'effet d'un telle détention, n'eft jamais autre que de continuer de refter en Prifon, autant qu'il plaift à fa Majefté; ou d'en fortir fous les conditions qu'elle juge à-propos fans aucune forte de procedure ni de formalité, fi mieux elle ne juge plus convenable fuivant fa volonté & de fon propre mouvement, d'ordonner comme elle le fit au cas préfent, que le Prifonnier feroit mis entre les mains de la Juftice, pour eftre procédé contre luy dans les regles ordinaires, & fuivant les Ordonnances.

Le deuxiéme cas fait ceffer l'effet du premier, & met l'accufé dans une autre voye, & dans d'autres regles que le Juge qui a la competance pour le juger, doit fuivre fuivant la rigueur des Ordonnances; c'eft en faifant d'abord une bonne & valable information, & en décernant enfuite (fi l'information eft concluante ou agravante) un décret qui mette l'accufé fous la main de la Juftice, & en eftat de prévenu, enforte que ce défaut fi radical, qui touche le fondement de la procedure faite contre la Demoifelle Petit, fe trouvant dans la caufe, fervit à la Demoifelle Petit, lors de la caffation, d'un moyen très-Puiffant.

Sixiéme Moyen de caffation.

Il n'y eût jamais de moyen plus fenfible; il eft pris contre le Jugement du 10 Juillet 1710. dont il vient d'eftre parlé; il violente les Loix & les Ordonnances; il eft rendu par le fieur Audiferoit feul; & par confequent par contravention à l'article 24 du titre 2 de l'Ordonnance de 1670. à l'article 3 du titre 2 des Recolemens à l'article 9 du même titre, & enfin à la Déclaration de Sa Majefté du 3 Octobre 1694 on trouvera dans tous ces Articles citez, & dans cette Déclaration qu'il n'a pas efté permis au fieur Audiferoit, de rendre feul un Jugement fi important, que l'eft un Jugement, par

E

lequel il est ordonné une procedure extraordinaire, puisque c'est de ce Jugement que dépend presque toûjours le sort d'un prévenu qui se trouve alors
dans la balance, pour sçavoir s'il sera jugé diffinitivement, en le rendant
absous, s'il est innocent, ou en l'assujettissant à quelque peine, s'il est coupable, ou bien s'il sera passé contre luy à une procedure extraordinaire, il vit
dans toutes les craintes, il est saisi alternativement des unes & des autres,
jusqu'au moment que son sort heureux & malheureux lui est annoncé par
ce Jugement.

On ne sçauroit donc par une raison si naturelle, dans un cas pareil à celuy cy, où il s'agit des biens & de l'honneur d'un prévenu, prendre assez
des précautions, ni assez d'avis, pour pezer plus d'une fois la Justice de
l'absolution, ou la rigueur de la condamnation.

En effet, qu'on parcoure tous les Tribunaux, on ne trouvera pas un
exemple semblable à celuy que la Demoiselle Petit presente de nouveau
aux yeux de Sa Majesté ; & il est inoüi que le sieur Audiferoit ait prétendu
rendre seul un Jugement, & passer luy seul à une procedure si impor-
tante que l'est une procedure extraordinaire, sur tout dans le cas present
qu'il estoit question de juger la Demoiselle Petit en dernier ressort, & sans
espoir de reclamation.

D'ailleurs l'Arrest qui contenoit la Commission du sieur Darnouil, porte
expressément que c'est pour juger la Demoiselle Petit en dernier ressort avec
les Officiers de l'Amirauté de Marseille, & le nombre des Graduez portés par
l'Ordonnance ; ce qui se conciliant ainsi avec l'Ordonnance même, on ne
sçauroit jamais soûtenir le Jugement du 10 Juillet 1710. qu'on n'a pû par cette
raison se dispenser de casser, en cassant le Jugement définitif, & en or-
donnant que les sieurs Maistres des Requestes de l'Hostel procederoient en
execution de l'Arrest du 12 Février 1710.

Septiéme Moyen de cassation.

Les recolemens & confrontations furent faits avec une précipitation des
plus grandes.

La Demoiselle Petit soûtient qu'ils renferment plusieurs nullités, elle supplie le Conseil d'examiner si le tout n'a pas esté confondu ensemble, tandis
néanmoins que suivant les Reglemens, les recolemens devoient preceder les
confrontations, & si lors des confrontations, il luy fut fait lecture des pre-
miers Articles de la déposition des témoins qui devoit contenir leur nom,
leur surnom, leur âge, leur demeure, & s'ils estoient débiteurs Serviteurs
ou non d'aucune des Parties, parceque si le défaut s'en trouve dans quelques uns des faits cy-dessus expliquez, ce sont autant de contraventions
à l'Ordonnance & par consequent autant de moyens de cassation.

Huitiéme Moyen de cassation.

Sa Majesté remarqua lors de l'Arrest de son Conseil du 19 May 1719. que
le sieur Michel s'estoit fait décharger du payement de la somme de 12200 liv.
contenuë dans son Billet d'obligation, & que cela n'avoit esté fait ainsi que
par une faveur condamnable de la part du sieur Darnouil, & de la part des

Juges qui avoient participé au Jugement définitif du 23 Janvier 1712. en
suivant la passion de ceux qui les conduisoient, & en se laissant entraîner
à faire tout ce qu'ils desiroient pour les satisfaire dans les excez & dans les
violences qu'on employoit pour la persecuter injustement.

En effet il a esté déja observé dans le premier moyen de cassation em-
ployé par la Demoiselle Petit, & qu'elle a pris des vexations du défunt
sieur Michel, & des trois differentes qualitez qu'il avoit au Procés qui se
violentoient si fort les unes contre les autres, qu'il n'y avoit pas de cause ny
de raison, pour ordonner que le sieur Michel seroit restitué contre son Billet, & puisque néanmoins il le fut contre toute sorte de regles, & contre
les Ordonnances, on doit croire, comme il n'est que trop vray que le motif de l'Arrest que le sieur Michel surprit au Conseil, & par lequel il fit ordonner que le Procés seroit fait à la Demoiselle Petit, n'estoit autre que ce
même Billet, dans lequel on trouve toute la fourberie dont un homme puisse
estre capable, par les indications fausses qu'il en faisoit à la Demoiselle Petit pour le payement ; car sans cela on ne se persuaderoit jamais qu'il y eût
eu d'Arrest d'attribution, pour faire faire le procés à la Demoiselle Petit ; &
ce qui le prouve très-sensiblement, sont deux faits très-importans.

Le premier, est que jamais Sa Majesté ne pourvoit de son propre mouvement aux interests d'un Particulier, si Elle n'en est exprès suppliée, ce
qu'Elle ne fait pas même en son propre nom, mais bien au nom de celuy qui
la supplie ; d'où il faut tirer la conséquence que puisqu'au cas present Sa
Majesté ordonna par l'Arrest d'attribution, qui paroist estre rendu de son
propre mouvement, que le Juge auquel cette attribution estoit faite, con-
noistroit de la demande du sieur Michel, touchant la validité du Billet par
luy fait à la Demoiselle Petit, ce ne fut qu'en vûë de ce même Billet que
cet Arrest fut surpris par le feu sieur Michel, & que le prétexte pour parvenir à cet objet, estoit de faire briller avec éclat une fausse accusation qu'on
prétendoit interesser Sa Majesté.

Le deuxiéme fait qui découvre que le prétexte dont il vient d'estre parlé,
n'estoit qu'une invention du sieur Michel propre à luy servir dans l'objet
dont il estoit gouverné touchant son Billet ; c'est que quoyque la principale
raison qui paroist en apparence pour former l'Arrest qui ordonna que le procés seroit fait à la Demoiselle Petit, fut de ce que la Demoiselle Petit estoit
accusée d'avoir enlevé les Presens que Sa Majesté faisoit au Roy de Perse ;
néanmoins le Jugement définitif du 23 Janvier 1712. ne prononce rien à ce
sujet, ni la procedure n'en fait aucune mention.

Ces deux faits si sérieux firent, lors de la cassation ordonnée par l'Arrest du
19 May 1719. une attention sur laquelle Sa Majesté pesa si fortement, qu'Elle
reconnût bien alors qu'on avoit abusé de son autorité & de l'Arrest d'attribution qu'on avoit surpris en son Conseil par des voyes dont le sieur Michel auroit esté très-sûrement puni corporellement, s'il eût esté en vie.

Aprés avoir repeté de nouveau & expliqué par surabondance tous les
moyens qui servirent à la Demoiselle Petit pour faire casser la procedure faite
contr'elle, à l'instigation du défunt sieur Michel, il ne reste plus à l'égard de
ces heritiers qu'à faire quelque observation sur la défense qu'ils tiennent
pour soûtenir leur opposition, en prétendant séparer les demandes civiles
qu'ils assurent les regarder uniquement d'avec l'Instance criminelle, à la-

quelle ils ne veulent pas que le défunt sieur Michel eût participé.

Touchant l'indivision de l'Instance criminelle d'avec l'Instance civile, servant à prouver
que si le Jugement définitif du 23 Janvier 1712. doit estre cassé pour une
Partie, il doit l'estre pour le tout.

La Demoiselle Petit soûtient donc qu'il est impossible de diviser ce Jugement dans les dispositions qu'il renferme, ses raisons sont.

1°. Que s'il estoit vray, comme ces heritiers du sieur Michel l'alléguent, que la demande en excés n'eût pas regardé le défunt sieur Michel, & qu'il ne s'en fût pas fait un objet principal, pour parvenir à ses fins, au sujet du Billet qu'il vouloit faire perdre à la Demoiselle Petit ; il y auroit eu bien de la témérité de sa part de l'avoir calomniée sur ce fait criminel, & de l'avoir gratuitement & sans raison persecutée en se rendant sa Partie, & en paroissant comme tel ouvertement par tout.

Il n'y auroit pas moins de témérité de la part de ses heritiers, d'employer encore ces mêmes calomnies, en suivant les traces de leur Predecesseur, & de s'en faire un moyen pour soûtenir leur cause. Car si encore une fois le fait criminel ne les regarde pas, & ne doit pas influer dans le civil, pourquoy s'en servir, & se faire une défense de la calomnie & de l'outrage dont ce fait criminel est rempli.

2°. si par une telle défense, les heritiers du sieur Michel ont senti qu'un pareil recours leur estoit necessaire, ils doivent demeurer d'accord, suivant eux-mêmes que ce fait civil inflüe dans le fait criminel, & que l'un est inséparable de l'autre, parceque tous les deux ensemble ne font qu'un seul & même objet.

3°. La Demoiselle Petit porte la proposition plus loin, elle soûtient encore que c'est le fait civil qui a uniquement servi de fondement au fait criminel, il n'y auroit jamais eu contr'elle aucune sorte de Procés ; ce qui fait l'appuy de cette proposition, est la vûë du défunt sieur Michel qu'on a si souvent expliquée, & qui n'estoit autre dans toutes ses démarches, soit lors de l'Arrest d'attribution qu'il surprit, soit dans toute la procedure qu'il fit faire en consequence, que de parvenir par des soûterrains sans exemple, à rendre inutile le Billet par luy fait.

4°. L'indivision que la Demoiselle Petit soûtient, est d'autant plus assurée, si on observe que les dispositions de l'Arrest qui ordonne que le Procés luy sera fait, en fournissent une preuve certaine.

Il contient le tout ; par consequent le tout icy estant lié, & ne faisant qu'un même Acte, le tout doit avoir ensemble un même effet.

5°. il s'ensuit de-là par la même consequence que le Jugement définitif du 23 Janvier 1712. est pareillement lié dans toutes ses dispositions, & ne peut avoir son effet pour une partie, qu'il ne l'ait en même temps pour le tout, ou bien estre emporté pour une partie, qui ne le soit ainsi pour le tout.

6°. Comment d'ailleurs pouvoir dire que le fait criminel ne regardoit pas le défunt sieur Michel, & que ce n'estoit pas sa cause ; aussi bien que le fait civil, puisque c'estoit luy qui avoit fourni tous les Memoires dans le fait criminel, qu'il a même par une violence extraordinaire rempli tou-

res

tes les fonctions d'un témoin, quoyqu'en même temps il ait paru ouvertement Partie déclarée contre la Demoiselle Petit.

Comment encore oser avancer un pareil fait, tandis qu'il paroist que les Lettres obtenuës par le défunt sieur Michel, tendantes afin de rescision de son Billet, n'ont d'autre appuy, ni d'autre fondement que la procedure criminelle faite contre la Demoiselle Petit, de laquelle il prit tous les moyens pour soûtenir ses Lettres.

Ce qui conduit aisément à se persuader que ces Lettres de rescision n'avoient d'autre fondement, & que le prétexte du Juge devant lequel la demande du sieur Michel fut portée, n'estoit autre, pour la luy rendre favorable que cette même Instance criminelle, & qu'autrement il n'y avoir pas de raison pour ordonner que le sieur Michel seroit restitué contre son Billet, ne pouvant estre contesté qu'il ne fût majeur, & que son Billet n'eût sa cause.

7°. Il suffit enfin touchant l'indivision dont il s'agit de dire que le Jugement du 23 Janvier 1712. prononçant sur toutes les demandes & les heritiers du sieur Michel n'osant pas contester qu'il ne soit susceptible de cassation pour le fait criminel, la liaison est si fort cimentée, que le tout ne faisant qu'un même Acte, & d'ailleurs une partie servant à soûtenir l'autre, il faut necessairement en touchant à ce corps uni & inséparable, porter atteinte au tout si on en blesse une partie, d'autant mieux que de quelque costé qu'on prenne les démarches du défunt sieur Michel, on les trouve toutes également condamnables; ce qui comprend en entier l'ouvrage par luy fait qui a esté déja détruit.

Il s'agit à-present suivant l'ordre que la Demoiselle Petit s'est déja proposée de tenir dans sa défense, de repeter de nouveau les moyens qui luy ont pareillement servi contre les Maire, Echevins & Députez de la Chambre du Commerce de Marseille, pour faire casser le Jugement définitif du 23 Janvier 1712 c'est ce qu'elle va faire avec toute la précision dont elle sera capable.

Fin de non-recevoir contre la demande des Maire, Echevins & Députez de la Chambre du Commerce de Marseille, en opposition à l'execution l'Arrest du 7 Janvier 1719.

La Demoiselle Petit a déja prouvé que les heritiers du sieur Michel estoient non-recevables à s'opposer à l'execution de l'Arrest du 7 Janvier 1719. qui ordonnoit la remise de la procedure devers le Greffe du Conseil, & qui relevoit la Demoiselle Petit du laps du temps qui avoit couru contr'elle, ainsi les mêmes fins de non-recevoir opposées aux heritiers du sieur Michel sont également opposées aux Députez de la Chambre de Marseille, puisqu'ils sont dans les mêmes circonstances.

Fins de non-recevoir contre l'opposition à l'execution de l'Arrest du 19 May 1719.

Ces fins de non-recevoir sont aussi les mêmes que celles qui ont esté opposées aux heritiers du sieur Michel, & puisque la répetition en seroit inutile,

F

& qu'il n'y a rien à ajoûter , la Demoiselle Petit s'en tient à ce qu'elle a déja dit fur cette fin de non-recevoir.

Premier Moyen de caſſation.

Ce moyen eſt encore ſemblable à un de ceux qui a eſté oppoſé aux heritiers du ſieur Michel, en ce que la Demoiſelle Petit a fait voir que le Jugement dont il s'agit du 23 Janvier 1712. ne pouvoit pas eſtre caſſé pour une partie qu'il ne le fût pour le tout , ce qui fait auſſi qu'elle s'en tient toûjours à ce qu'elle en a dit ſur ce moyen, auſſi bien que ſur les autres déja expliquez contre les Députez de la Chambre de Marſeille.

Second Moyen de caſſation.

Celuy-cy eſt fondé ſur l'incompetence du Juge d'attribution , parceque le Juge n'avoit aucun pouvoir par l'Arreſt qui contenoit ſa Commiſſion , pour connoiſtre de la demande par eux devant luy formée ; ce qui rend inconteſtablement nul le Jugement du 23 Janvier 1712. déja caſſé.

Il n'eſt pas d'ailleurs indifferent d'ajoûter que l'adjudication des fins de leur demande fût principalement la cauſe que la Demoiſelle Petit perdit tous ſes effets qui furent pris & non vendus pour une modique ſomme de 4587 liv. tandis néanmoins qu'ils eſtoient de valeur de plus de 40000 liv.

Troiſiéme Moyen de caſſation.

Ce moyen eſt fondé ſur ce que quand bien même le ſieur Darnouil auroit eſté competant pour connoiſtre de la demande des Députez de la Chambre du Commerce, il n'auroit pû leur en adjuger les fins pour les ſommes qu'ils demandoient , ſans contrevenir à l'Ordonnance, parceque d'un coſté , les ſommes ne leur eſtoient pas dûës, & que de l'autre, n'y ayant point de promeſſe, Billet ny obligation, & ces ſommes excedans 100 liv. ils ne pouvoient pas eſtre reçûs à la preuve.

N'importe à la Demoiſelle Petit que les Députez de la Chambre du Commerce faſſent leurs efforts dans leurs écritures pour juſtifier la prétenduë ſolidité de leur demande, tout cela luy eſt trés-indifferent, parceque ce qu'ils en diſent à ce ſujet, eſt non-ſeulement une ſimple allégation, mais encore un fait qui touche le merite du fond qui ne ſçauroit eſtre traité au Conſeil ; ainſi ce ſera devant les ſieurs Maiſtres des Requeſtes de l'Hoſtel où la cauſe a déja eſté renvoyée , qu'ils feront valoir leurs raiſons, & la Demoiſelle Petit ſes exceptions contraires.

Dernier Moyen de caſſation commun aux Heritiers du ſieur Michel , & aux Députez de la Chambre du Commerce de Marſeille.

On ſe plaint ſur ce moyen de ce que les Juges qui rendirent le Jugement deffinitif du 23 Janvier 1712. prirent deux cens écus de vacations, qu'ils firent payer à la Demoiſelle Petit, parce qu'il n'eſtoit pas permis à ces Juges de prendre des vacations. En effet, n'eſtant que des Commiſſaires particuliers nommés par Sa Majefté, & fur tout pour un fait qu'on difoit interreffer Sa Majefté même, les vacations, dans ce cas, ne pouvoient pas eftre exigées. La chofe eft fans exemple, & Noffeigneurs du Confeil qui doivent juger la Caufe de la Demoifelle Petit en font des Témoins irréprochables. On fçait que dans de pareils cas ils fe font faits la loi pour eux-mêmes, d'où il faut conclure à plus forte raifon dans l'efpece prefente, que les Juges qui ont jugé la Demoifelle Petit devoient auffi en agir d'une égale maniere, en regardant pour eux la Loi faite par Noffeigneurs du Confeil, & pour eux-mêmez une Loi fi inviolable & fi facrée, qu'aucune vuë d'interreft ne pouvoit les engager à l'enfraindre, fans s'expofer, en s'écartant de cette Loi, à la faire revenir fur eux pour en fuporter la peine qu'elle impofe d'elle-même, par la contravention qu'on peut y commettre.

Avant de finir, la Demoifelle Petit fe trouve engagée à répondre à deux objections qui lui font faites par les Députés de la Chambre de Marfeille.

La premiere eft de dire, qu'elle a deffendu à leur demande devant le Juge d'attribution, & que cette défenfe forme contr'elle une fin de non-recevoir au fujet du défaut de competence dont elle s'eft déja plainte, & dont elle fe plaint de nouveau.

La deuxiéme eft de dire, que même depuis le Jugement du 23 Janvier 1712. la Demoifelle Petit a acquiefcé par certaine procuration qu'ils alléguent, à toute la procedure qui avoit efté faite par le Juge d'attribution.

A l'égard de la premiere objection, on fçait qu'il n'eft pas permis aux Parties de fe faire des Juges, & que rien ne pouvant couvrir l'incompetence, ou du moins y fupléer, un pareil défaut doit toûjours prévaloir dans quelque circonftance que fe trouve la Caufe.

D'ailleurs la Demoifelle Petit n'eftoit pas libre de fa perfonne, elle eftoit au contraire detenue prifonniere; dans cet état il n'y a point d'acquiefcement à oppofer, parce que les acquiefcemens n'ont jamais préjudicié en matiere criminelle, à caufe des préfomptions qui veillent en faveur de l'Accufé de la crainte fi ordinaire & fi naturelle, qu'il a prefque toûjours dans un pareil cas: auffi la Loi pourroit-elle d'elle-même à de pareilles objections, elle les prohibe, elle les défend, & ne veut pas qu'elles foient oppofées.

A l'égard de la deuxiéme objection faite par les Députés de la Chambre du Commerce de Marfeille, fur le fondement de la procuration par eux alléguée, c'eft à tort qu'on prétend que la Demoifelle Petit y a fait quelque acquiefcement. En effet, bien loin que cette procuration en contienne quelqu'un, on voit au contraire qu'elle eft faite en faveur du fieur Lombrad Procureur, pour retirer tous les effets que la Demoifelle Petit avoit à Marfeille, & qui avoient efté fur elle faifis; tout cela fut fait ainfi, nonobftant le Jugement du fieur d'Arnouil, duquel il n'y eft nullement parlé.

Bien plus, la Demoifelle Petit fit dans cette procuration toutes fes proteftations & toutes fes refervations; on remarque même qu'elle y parle de la dette du fieur Michel, de laquelle (eft-il dit par cette procuration) elle veut eftre payée, ce qui prouve qu'elle n'a jamais entendu executer le Jugement du fieur d'Arnouil; car fi cela eût efté de la forte, elle n'y auroit pas parlé du Billet, ni de la dette du fieur Michel; du moins pour en exi-

ger le payement, puifque le Jugement du fieur d'Arnouil caffoit & annéan-
tiffoit ce Billet.

Il ne faut donc pas s'arrêter fur cette procuration qu'autant qu'il y paroift clairement que la Demoifelle Petit y conferva fon droit dans tout fon
entier, & qu'en la faifant elle ne porta nulle atteinte à la demande en caffation qu'elle forma dans la fuite.

En jugeant le procès, Sa Majefté eft supliée de fe rappeller toûjours l'état
pitoyable dans lequel les vexations du fieur Michel ont réduit jufqu'à prefent la Demoifelle Petit. Sa Caufe eft une caufe des plus touchantes, tout
concourt à l'écouter favorablement, & avec la clemence ordinaire de Sa
Majefté. Qu'on le prenne du côté des démarches du fieur Michel fon Per-
fécuteur, on y verra un dol perpetuel, & une fraude très-puniffable. Qu'on
le prenne du côté des moyens de caffation contre la procedure faite à Marfeille, on trouvera pareillement que ces moyens font tout-à-fait fenfibles.

Il ne refte donc à la Demoifelle Petit que de reffentir inceffament l'effet
qu'elle en doit efperer, pour faire paroître dans tout fon jour l'honneur
qui lui eft fi précieux, & parce que la chofe ne peut avoir fa perfection,
qu'en faifant débouter les Oppofans de leur oppofition, & en faifant ordonner l'execution des Arrefts du Confeil par elle obtenus les fept Janvier
& dix-neuf May 1719. elle y conclud avec dépens.

Bureau des Caffations.

Meffieurs.
{
LE PELLETIER,
LE PELLETIER DES FORTS,
DE LA BOURDONAYE,
DE SAINT CONTEST,
DE LAMOIGNON DE COURSON,
LE GUERCHOIS,
FERRAND,
DE MACHAULT,
D'ARGENVILLIERS.
} Commiffaires.

Monfieur LE PELLETIER DE BEAUPRÉ, Rapporteur.

Mᵉ DE LACOURSIERE, Avocat.

De l'Imprimerie de BARTHÉLÉMY LAISNEL,
rue du Foin.

13,407